So geht's:

Das Beispiel zeigt, wie du mit miniLÜK spielst. Die Übung findest du auf Seite 2 und 3.
Öffne das miniLÜK®-Kontrollgerät und lege den durchsichtigen Boden des Kontrollgerätes auf die untere Übungsseite deines miniLÜK-Heftes.

Nimm Plättchen 1. und sieh dir Aufgabe 1. an.
Auf diesem Bild siehst du einen violetten Ball. Nun sollst du den gleichen Ball auf der unteren Seite finden. Lege also das Plättchen 1. auf der unteren Seite auf das Bild mit dem gleichen violetten Ball.

So spielst du weiter, bis alle 12 Plättchen auf dem durchsichtigen Teil des Kontrollgerätes liegen und keine Bilder mehr zu sehen sind.
Dann schließt du das Kontrollgerät und drehst es um. Wenn du das bei der Übung abgebildete Muster siehst, hast du alles richtig gemacht.

Passen einige Plättchen nicht in das Muster, löst du diese Übungen noch einmal.

Stimmt es jetzt?
Dann nun viel Spaß!

Wo ist der gleiche Ball?

Where is the same ball?

Wo ist der gleiche Kreis?

Where is the same circle?

Setze die Puzzles zusammen!

Put the puzzles together!

Setze die Formen zusammen!

Put the shapes together!

Ordne den Gesichtern die Teile zu!

Match the faces with the cutouts!

1

2

3

4

5

6

7

8

9

10

11

12

Ordne den Formen die Teile zu!

Match the shapes with the cutouts!

Gedrehte Kleidungsstücke.

Rotating clothes.

1

2

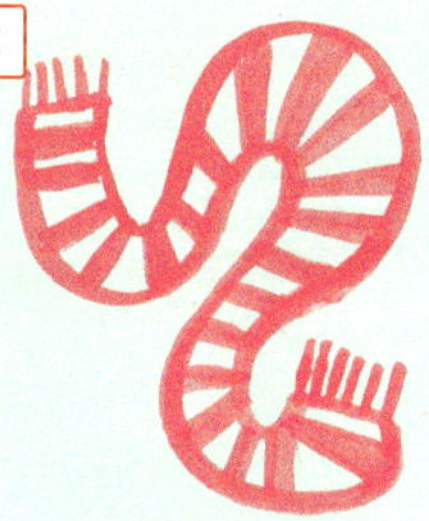

3

4

5

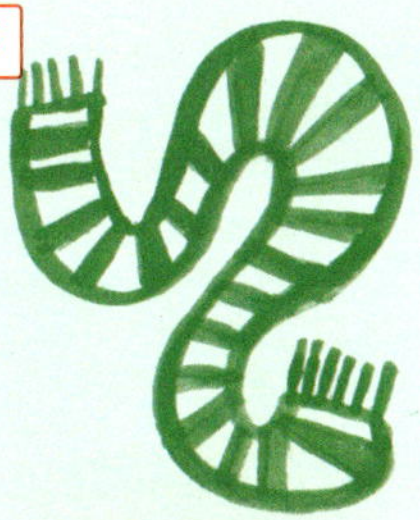

6

7

8

9

10

11

12

Gedrehte Objekte.

Rotating objects.

Verkleinerte Häuser. Minimized houses.

Verkleinerte Figuren.

Minimized forms.

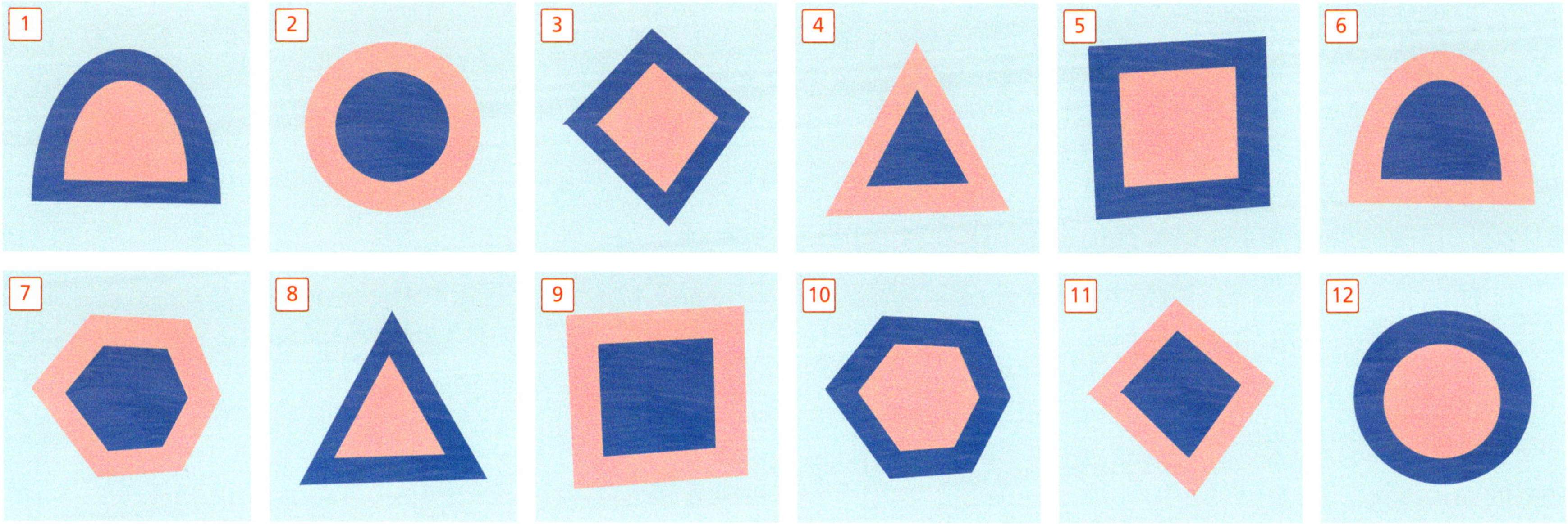

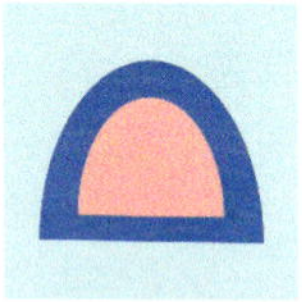

Verdeckte Muster.

Hidden patterns.

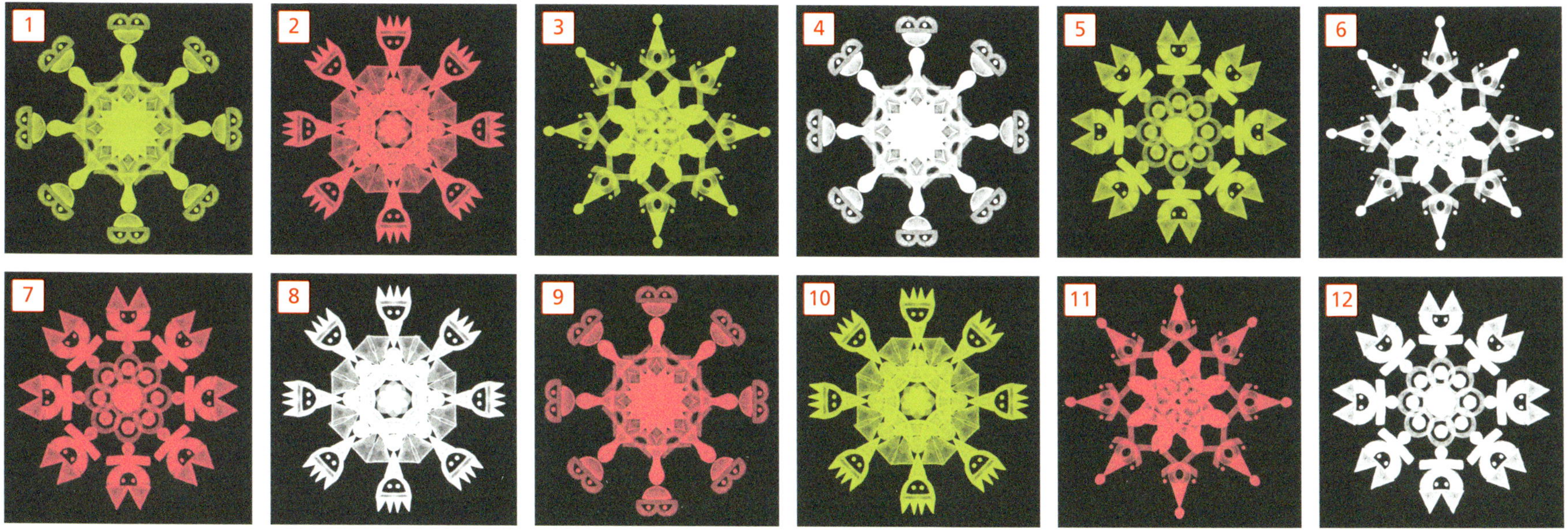

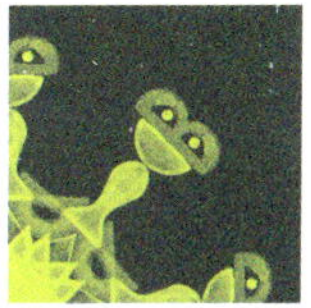

Verdeckte Objekte.

Hidden objects.

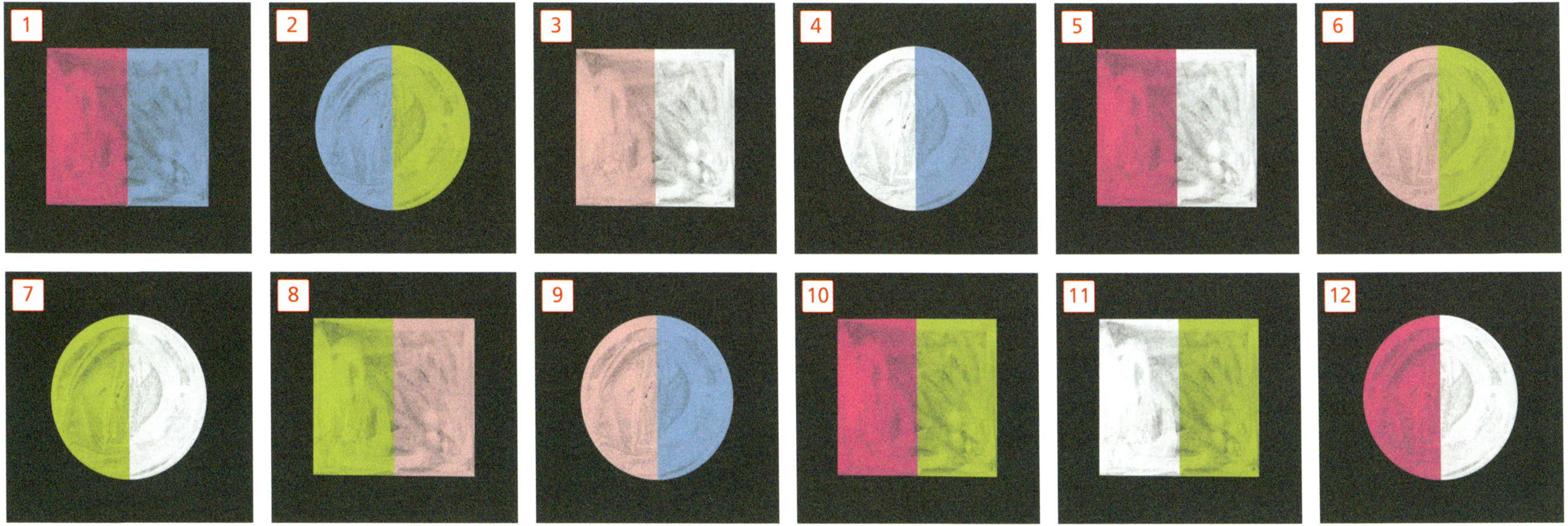

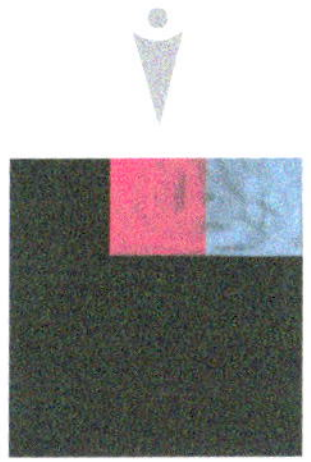

Gleiches Gesicht, andere Farbe.

Same face, different colour.

Gleiche Form, andere Farbe.

Same shape, different colour.